MINI CURIOSOS DESCOBREM O Ártico

CLARICE UBA

Ilustrações:
Lorota

ÍNDICE

LUME livros

O Ártico

Quando a gente pensa na palavra *Ártico*, pensamos em frio, em gelo e em mais frio ainda. O que não está errado: o Ártico é a região mais ao norte do nosso planeta, e o frio e o gelo ajudaram a desenhar a geografia e a biologia de lá.

A melhor maneira de ver o Ártico é com uma imagem do cocoruto do nosso planeta. A gente se acostuma a ver mapas da Terra toda esticadinha, mas ela é redonda como uma laranja, e Ártico é a parte de cima dela.

Existem duas maneiras da gente definir exatamente onde o Ártico começa: a mais comum é dizer que a região do Ártico está dentro do **círculo ártico** – uma linha imaginária que está a 66.5 graus norte do Equador, que é outra linha imaginaria que passa bem no meio da Terra. Apesar dessa medida ser uma boa regra geral para definir a região, se vamos falar de geografia (como é o terreno) e biologia (que tipo de bicho, vegetação, fungo, vive ali) ela é meio inútil, já que a natureza não dá a mínima para marcações matemáticas.

A outra maneira de se definir onde começa o Ártico vem da observação do mundo natural. Essa diz que o Ártico começa onde as árvores não crescem mais e a vegetação passa a ser bem baixinha, feita de gramas, arbustos duros e até musgo. Esse tipo de vegetação rasteira é chamada **tundra**, e ela está presente em todos os continentes que abraçam o círculo polar: Ásia, América e Europa.

Dizer tundra é um pouco como dizer "floresta" ou "deserto". Toda tundra tem algumas coisas em comum, mas ela não é exatamente a mesma sempre. E nem toda a tundra é ártica! Ela também aparece em lugares muito altos e frios, como montanhas.

De toda forma, boa parte do Ártico é água – água do mar e água doce na forma de glaciares e icebergs. Glaciares são rios de gelo monstruosos, que se formam lentamente com a queda de neve ao longo de milhares de anos. Essa neve vai sendo comprimida pelo peso de mais neve caindo em cima dela até virar gelo. Glaciares podem ser enormes e muito profundos – na Groenlândia cientistas cavaram um buraco em um glaciar de mais de 400 metros e nem chegaram na parte que é gelo puro!
Só por esse buraco, os pesquisadores conseguiram identificar mais de 800 camadas diferentes de neve, ou seja, 8 séculos de invernos enterrados só na parte mais de cima deste glaciar.

Os glaciares que a gente vê hoje em dia no Ártico são só uma parte do gelo que já cobriu a região – milhares de anos atrás, o mundo era mais frio e tinha muito mais gelo no Ártico. Quando o planeta esquentou um pouco esse gelo derreteu, mas o peso de tanto gelo mudou para sempre a geografia da região. O resultado é a paisagem que a gente vê hoje em dia no Ártico: muitas planícies, áreas em que só sobraram rochas sem terra em cima, e muitos lagos de diferentes tamanhos e profundidades.

Mesmo com menos gelo, o Ártico ainda é uma região tão fria que uma parte do solo está sempre congelada, o que é chamado de **permafrost**. Isso não significa que o chão é congelado o ano todo, uma camada fina do solo derrete no verão.

Mas como tudo para baixo dessa camada está congelado, a água das chuvas ou da neve que derreteu na primavera fica presa na superfície, formando laguinhos e áreas meio pantanosas que são um paraíso para mosquitos e outros insetos que se multiplicam loucamente no verão ártico.

Apesar de serem muito chatos para nós, esses bichos são muito importantes: eles são comida para um monte de animais como aves e pequenos mamíferos. A tundra também não é tão mirrada quanto parece: ela cresce e floresce no verão e na primavera, e sustenta desde bichos pequenos como os lemmings até os enormes bois-almiscarados.

Muitos achados paleontológicos e arqueológicos (que são coisas do passado, naturais ou feitas por pessoas) são feitos no permafrost, que funciona como um enorme congelador. Até mamutes inteiros foram encontrados nessas terras geladas!

Além da vida na terra, o Ártico tem muita vida no mar (inclusive boa parte do Ártico é mar!). Lá o mar é meio raso e tem relativamente pouco sal, por conta de toda a água doce vinda dos glaciares e dos vários rios que desembocam nele. Essa mistura de água doce com todas as correntes marinhas que passam no Ártico é uma festa para várias coisinhas minúsculas (como minialgas, larvas de peixes e outros bichos marinhos como o krill). E eles são a base de toda uma cadeia de animais marinhos que vai das águas-vivas até tubarões, orcas e a enorme baleia-azul.

Boa parte do mar no Ártico é coberta por gelo, o que ajuda a regular a temperatura do planeta. Esse gelo funciona como um espelho que reflete os raios e o calor do sol. Quando esse gelo derrete, a água escura do mar absorve o calor do sol, que é levado pelas correntes marinhas para outras partes do mundo, esquentando ainda mais o planeta.

Talvez mais que frio e gelo, o que define o Ártico são as variações enormes entre as estações: os invernos são longos, frios e escuros, com temperaturas que chegam a -60 graus. Por um período do ano o sol nem chega a nascer e o Ártico vive uma noite sem fim. Já os verões são bem mais curtos, mas razoavelmente quentes, em torno de 20 a 25 graus. Do mesmo jeito que os invernos são escuros, os verões são superiluminados, por um tempinho o sol nunca se põe e é sempre dia no norte.

Se à primeira vista o Ártico pode parecer só uma enorme montanha de gelo no topo do mundo, prestando atenção dá para ver que essa região é cheia de vida, que segue em frente num balanço delicado com um dos ambientes mais extremos da Terra.

Vire a página para descobrir ainda mais sobre o norte do norte do nosso planeta, e sobre alguns animais incríveis que vivem lá.

Urso-polar

O urso-polar é de longe o habitante mais famoso do Ártico – branquinho, peludinho, com olhinhos e nariz pretinhos, ele parece o modelo pra todo bicho de pelúcia do mundo. E ele é mesmo bonito, simpático e engraçado, mas também é um supercaçador.

A gente sabe que o urso-polar é parente próximo do urso-pardo, mas esses dois levam vidas muito diferentes. O urso-pardo é um bicho onívoro (quer dizer que ele come de tudo um pouco, como nós, os humanos) e que passa a maior parte do tempo em terra firme.

cara do pardo

Já o urso-polar é carnívoro, e passa a maior parte do seu tempo no gelo marinho que se forma no Ártico. Para levar esse estilo de vida, o corpo do urso-polar foi se adaptando e mudando.

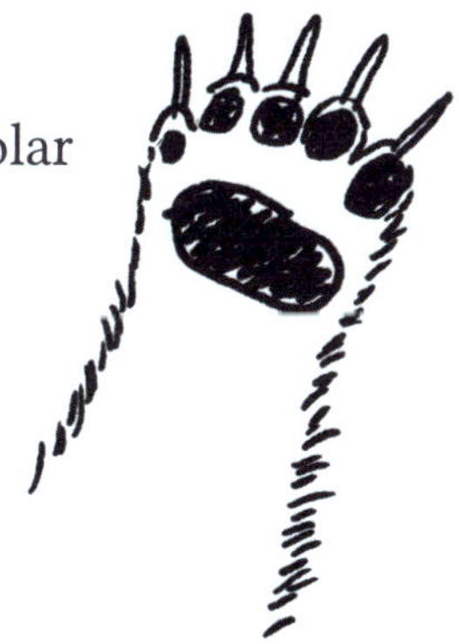

pata do pardo

Como todo bicho carnívoro, o urso-polar tem dentes longos e fortes para agarrar a comida. As garras dele são mais curtas do que as do urso-pardo e muito mais fortes – o que ajuda a caçar e dá firmeza para o bicho andar sobre o gelo. Ele é o maior urso do mundo: um macho adulto pode medir mais de 2 metros de comprimento e pesar até 700 quilos. Com todo esse tamanho, ele é o rei do Ártico.

Como o urso vive onde é frio quase o tempo todo, ele precisa de uma maneira de se manter aquecido, e o que protege esse bicho do frio são os pelos, que são muito especiais – cada fio é transparente e oco, mais ou menos como um canudinho. Essa transparência deixa muita luz do sol chegar até a pele do urso-polar (que é preta e absorve bem o calor), e, por ser oco, cada pelo fica cheio de ar, que esquenta com o calor do próprio urso e o mantém protegido do frio em volta.

Apesar de ser um bom nadador que pode passar dias no mar, o urso-polar evita entrar na água porque o pelo molhado não protege contra o frio, e ele gasta muita energia para se manter aquecido.

Esse casaco é uma grande ajuda para o urso-polar quando ele está caçando, já que sua comida preferida são focas bem gordinhas que vivem na água e no gelo. Caçar essas focas não é fácil, e a melhor época para fazer isso é desde um pouco antes da primavera até o começo do verão, quando muitas dessas focas visitam o Ártico. No resto do ano o urso-polar come bem menos.

O urso-polar depende de toda gordura que ele junta nesse espacinho de tempo para sobreviver o resto do ano, mas ele é um bicho adaptado a ficar gordão e magrinho e viver bem assim. Com certeza não é gostoso passar vários meses sem comer direito, mas a vida dos bichos selvagens é bem diferente da nossa, e para eles isso é normal. Desde que tenha muito frio e gelo, o urso-polar está feliz.

O perigo do aquecimento global para o urso-polar não é que ele está passando calor, mas que o tempo que tem gelo marinho e focas no Ártico está ficando cada vez mais curto, e nem sempre ele vai achar toda a comida que precisa para ficar bem o resto do ano.

Boi-almiscarado

Quando o inverno chega pra valer no Ártico, muitos dos bichos da terra e do ar migram para lugares mais quentinhos. Um dos poucos que ficam o ano todo na região é esse peludinho aqui: o boi-almiscarado.

Apesar do nome, os parentes mais próximos dele são as cabras, e se de longe ele pode parecer um boi (ainda que um boi muito peludo), conhecendo esse bicho um pouco mais o lado cabra aparece. Ele é um grande escalador de morros, montanhas e outras superfícies inclinadas (se tiver que fugir ele prefere correr para um lugar alto) e apesar de grandão seu cocô são bolas pequeninhas, igualzinho ao cocô das cabras.

Almiscar é uma substância bem fedida que um tipo de cervo produz e que é usada para fazer perfume. O boi-almiscarado ganhou esse nome porque ele também produz um cheirinho parecido, ou seja, esse nome é uma maneira mais fofa de dizer que ele é meio fedido.

Mas dá para entender a confusão das primeiras pessoas que viram esse bicho: parrudo, cabeçudo e com pernas curtinhas, ele realmente não parece em nada com um cabra. E apesar de relativamente baixinho (ele tem só 1.5 de altura) o boi-almiscarado é bem pesado: ele chega a pesar 400 quilos – as vacas, por exemplo, pesam em média 250 quilos!

Talvez o pedaço mais "cabra" do boi-almiscarado sejam os chifres: grossos e bem coladinhos na testa. Parecem até um capacete e funcionam como um também: ele usa os chifres e a testa ossuda como arma para brigas com outros bois-almiscarados ou para se defender de inimigos – tomar uma cabeçada de um deles correndo é como ser atingido por um carro vindo a 50 quilômetros por hora! Pense em como a cabeça e o pescoço dele são fortes para aguentar essa pancada sem se quebrar.

O boi-almiscarado vive em grupinhos de 20 a 30 bichos, com machos, fêmeas e filhotes. Quando tem algum perigo, os adultos usam suas cabeçonas para proteger os pequenos, formando um círculo em torno deles.

De tudo que o boi-almiscarado tem de especial e interessante, talvez o mais incrível seja o casaco dele, que aguenta o frio e o vento do Ártico o ano todo. Ele tem duas camadas de pelo; a de cima é essa que a gente vê: compridona, marrom e até um tanto emaranhada, mas embaixo ele tem uma outra camada, feita de uma lã grossa e ultraquentinha chamada *qiviut* – ela é 8 vezes mais quente do que a lã de ovelha e segura todo o calor que o boi-almiscarado produz bem pertinho dele. O pelo dele é tão bom em não perder calor que às vezes a neve que cai em cima dele não chega a derreter!

O boi-almiscarado é mais feliz quando está bem frio e ele pode ficar num lugar bem alto. Se hoje em dia a única parte do mundo que é assim é o Ártico, no passado esses bichos viveram em muitos outros lugares.

Eles são animais pré-históricos, que seguem iguaizinhos há milhões de anos. São mais antigos do que nós, humanos, e roçaram ombros com mamutes, leões-das-cavernas e outros gigantes da era glacial, mas só eles continuam por aqui. Com tanta história esses bichos merecem mais da nossa atenção, para continuarem caminhando pela neve por outros tantos milhões de anos.

Coruja-das-neves

A coruja-das-neves parece ter um casaco de penas, até os pés dela são cobertos de peninhas! Além de bonitinha ela também é enorme: suas asas abertas de ponta a ponta podem medir quase 2 metros de comprimento, – mais que a altura da maioria das pessoas que você conhece!

Essa curuja aqui na página tem 32 centímetros de altura. Uma de verdade pode ter o dobro disso!

Esse corujão é uma das muitas aves que visitam o Ártico durante o verão para fazer ninho e ter seus filhotes. Mas apesar da maioria das corujas-das-neves ir embora para regiões mais quentinhas lá pelo inicio do outono, algumas escolhem passar o inverno todo no norte.

A gente não sabe por que isso acontece (e tudo indica que as que ficam sobrevivem bem) ou até como elas escolhem para onde migrar no inverno – por exemplo, filhotes que nascem no mesmo ninho podem migrar para lugares completamente diferentes. Por quê?
Não temos nem ideia.

Uma das coisas que a gente sabe com certeza é que a coruja-das-neves é uma grande caçadora, e que ao contrário de outras corujas (que costumam caçar de noite) prefere sair em busca de comida durante o dia. Ela gosta de planícies abertas e com pouca vegetação, onde consegue achar um lugar mais alto para se empoleirar e ficar vigiando até algum bicho aparecer.

Ela pode comer praticamente qualquer bicho que pegar, mas sua comida preferida são os lemmings, um tipo de roedor que é muito comum no Ártico.

A coruja-das-neves consegue ver um lemming a mais de 100 metros de distância, o que é quase um campo de futebol, e se por algum motivo ela não puder enxegar, ela vai ouvir. Essa ave tem uma audição incrível, e consegue ouvir os bichinhos se mexendo mesmo embaixo da grama ou até da neve.

Os lemmings e as corujas-das-neves são animais muito conectados: as corujas dependem dos lemmings para alimentar seus filhotes, e em anos em que a população de lemmings é baixa essa ave pode até não ter filhotes.

Nos anos de fartura, um casal de corujas-das-neves pode ter até 14 filhotes! Elas fazem os ninhos direto no chão da tundra, e a mãe cuida dos ovos e filhotes enquanto o pai sai para caçar e alimentar toda a família.

Os filhotinhos nascem feinhos e cegos, mas eles crescem rápido e a cada dia ficam maiores e mais fortes. Com mais ou menos 1 mês eles não ficam mais no ninho. Apesar de ainda não conseguirem voar, eles vão se esconder e explorar o que têm em volta, e os pais continuam trazendo comida e protegendo os filhotes.

Quando as primeiras neves chegam, os filhotes não só já conseguem voar como também aprenderam a caçar com seus pais. Na hora de migrar para o sul, alguns escolhem continuar juntos por mais um tempo, outros vão seguir seu caminho sozinhos, e talvez um ou dois até prefiram passar o inverno na tundra mesmo com todo o frio.

Alguns estudiosos de corvja-das-neves acham que sair do ninho protege os filhotes do ataque de algum predador, já que é fácil eles se esconderem se estiverem sozinhos.

Morsa

Pense num bicho estranho, mas bem estranho mesmo. Pensou? Nem no seu dia mais criativo você ia pensar num bicho que nem a morsa.
São 3 mil quilos de muita gordura num corpinho nada enxuto, que vem bamboleando atrás dessa carinha amassada.

Mas tudo que a pobre morsa tem de esquisitona ela tem de simpática. Esse bichão enorme é um mamífero parente meio distante das focas, que adora as águas geladas do Ártico e é supersociável. Morsas gostam tanto de outras morsas que vivem em manadas gigantes e ficam o tempo todo encostando umas nas outras. Se uma morsa estiver sozinha ela vai tentar se encostar em pedras e outras coisas grandes que se pareçam com outras morsas.

UAuaUA

FIIIIUUUUU

Elas também são muito inteligentes e gostam de cantar! Morsas machos se exibem para morsas fêmeas fazendo um monte de barulhos, que vão de batidas no peito, a rosnados e assobios, e as fêmeas escolhem para namorado os machos que cantam melhor. É quase como uma passarinho do mar que pesa mais do que uma carro!

CRAAEEOORR

ROOOONC

PRUUUUUU

ARGARR

RAAAORGHHHHHH

As morsas conseguem fazer todos esses barulhos em parte pelos mesmos motivos que elas são meio estranhas: elas quase não têm dentes (tirando as presas que são dois caninos gigantes, mas que não servem para mastigar nada) e seus lábios são enormes e muito móveis; por isso que elas conseguem assobiar e fazer um monte de outros barulhos.

AAAA

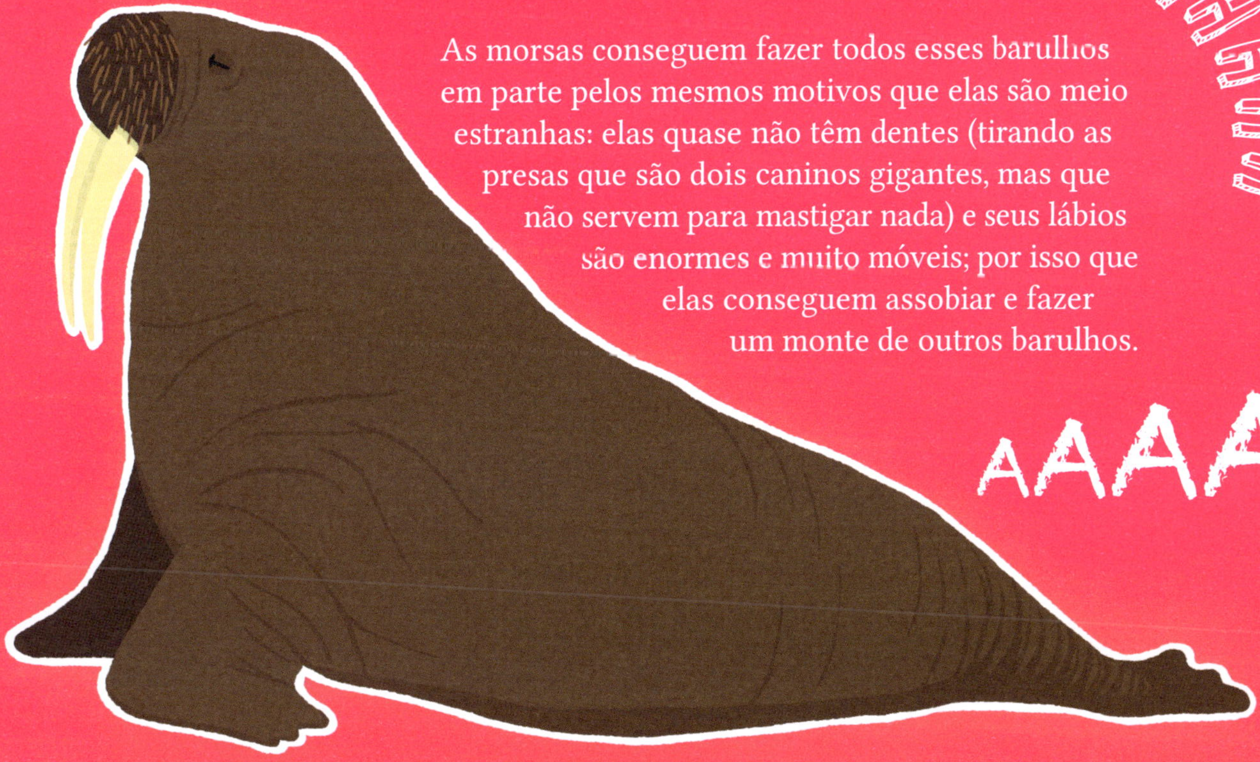

A morsa tem essa bocona porque sua comida preferida são moluscos (aqueles bichos que são uma melequinha dentro de duas conchas) que vivem enterrados no fundo do mar. Ela usa a boca pra sugar esses bichos inteiros – a força que ela faz é bem parecida com a que você faz pra puxar uma vitamina por uma canudinho, só que ela puxa com muito mais força do que qualquer pessoa.

Mesmo preferindo moluscos, a morsa pode comer outras coisas. Já acharam até pedaços de urso-polar no estômago de uma morsa.

Com esse olhinhos pequenos dá pra imaginar que a morsa não enxerga bem (e não enxerga mesmo!), então para achar comida ela depende de duas coisas. A primeira é o olfato: a morsa consegue sentir cheiros muitos bem. A segunda é o bigodão enorme que todas as morsas têm – que é parecido com os bigodes dos gatos, só que muito mais sensível: ela sente tudo em que esses pelos encostam, mais ou menos como a gente sente as coisas com a ponta dos dedos.

As morsas também usam os bigodes sensíveis para tocar umas nas outras, como se estivessem fazendo carinho. Além de gostar de viver em grupo, as mães e os filhotes morsas são muito unidos, e um filhote pode passar até 3 anos com a mãe, o que é bem raro entre os animais.

Em geral bichos que são mais inteligentes e têm que aprender um monte de regras sociais antes de virar adulto passam mais tempo com os pais. Elefantes e chimpanzés são assim, mas o filhote de homem é de longe o bicho que fica mais tempo com os pais.

Quando a gente vê uma foto de uma colônia de morsas com milhares delas, pode parecer que tem morsa sobrando no mundo, mas não é bem assim. Como todo bicho que gosta de frio, elas sofrem com o planeta ficando cada vez mais quente, e merecem nosso cuidado para continuarem sendo esquisitas e felizes no norte do mundo.

Puffin

Durante a primavera e o verão, o Ártico é visitado por várias aves diferentes que vão até lá aproveitar os dias longos e (mais ou menos) quentes, e o monte de comida que aparece, como insetos, plantas e peixes. De todos esses visitantes, um dos mais simpáticos é o puffin, uma ave pequenininha, com um bico colorido e plumagem branca e preta, que parece até um casaquinho.

Existem 3 espécies de puffin e todas vivem nos oceanos mais ao norte do mundo. O puffin-do-atlântico é o menorzinho. Ele tem no máximo 30 centímetros de altura e pesa o mesmo que uma lata de refrigerante.

Os puffins procuram ilhas nos mares do norte com rochedos ou penhascos para ter seus filhotes. Nesses lugares altos em que não é fácil chegar os filhotinhos ficam mais protegidos, e os puffins se amontoam em colônias gigantescas, que às vezes chegam a ter milhares de aves fazendo uma algazarra louca.

Para deixar os filhotes mais protegidos ainda, essas aves não fazem ninhos, elas cavam buracos bem fundos no chão, usando o bico para soltar a terra e os pés para chutar tudo para trás, mais ou menos como minicachorros – se o lugar onde estiver a colônia não tiver terra, eles procuram um buraco natural entre pedras e rochas. Lá no fundo do buraco fazem um ninhozinho; o pai e a mãe cuidam do ovo e depois do filhote, até ele ficar forte o bastante para voar para o mar.

Enquanto os puffins estão cuidando de seus filhotes eles têm que levantar voo e pousar várias vezes, e mesmo sendo capazes de pousar tanto na terra quanto na água os puffins são um desastre de aterrissagem.

É bem comum um deles sair dando cambalhotas e atropelar tudo no seu caminho. Apesar de ser uma ave, o puffin fica bem mais à vontade na água e só voa quando precisa muito.

Mas se no ar e na terra essas aves são engraçadas e até meio desajeitadas, elas são craques de natação. Pra pegar seu almoço o puffin mergulha como um raio atrás de peixes e outros bichos marinhos. Embaixo da água ele "voa" batendo as asas e usando seus pés largos e chatos como remos.

Os puffins conseguem carregar muitos peixes na boca ao mesmo tempo. Eles têm serrinhas na língua que seguram o peixe que já pegou, assim ele pode continuar pescando. Um puffin carrega na média uns 10 peixes de volta para o filhote em cada saída.

Quando os filhotes já estão grandes e podem voar sozinhos, todos os puffins da colônia vão aos poucos voltando para o mar aberto. Essas aves passam só quatro meses do ano nas ilhas: no resto do tempo eles levam uma vida solitária, sem nem chegar perto de terra firme.

Para passar todo esse tempo no mar, o puffin tem penas que funcionam como uma mistura de casaco com colete salva-vidas. A camada de fora, que a gente vê, é feita de penas bem fechadinhas, que o puffin cobre com um óleo que ele produz para ficarem à prova d'água. Embaixo delas, tem outra camada de penas pequenininhas e fofinhas, que seguram o ar quente perto da pele do puffin – isso mantém a ave quentinha mesmo nos mares gelados do norte e ainda faz com que ela seja superflutuante e possa até dormir tranquilamente sobre as ondas.

Para mergulhar o puffin se aperta um pouquinho para que o ar preso nas penas deles saia. Se ele não fizesse isso, ia ser como tentar mergulhar usando boias salva-vidas.

Pode parecer assustador, mas mesmo sendo pequenininho o puffin fica muito bem em mar aberto, ele consegue beber água do mar sem problema nenhum, e continua pescando e comendo peixes. Com pesquisas recentes a gente sabe que muitos puffins vivem vidas longas e satisfeitas, indo e voltando das ilhas para o mar.

Raposa-do-ártico

Quando a raposa-do-ártico está com sua pelagem de inverno ela pode até parecer um miniurso-polar que ganhou um rabo, mas esse pequeno predador é de muitas maneiras mais impressionante que o supercaçador do norte.

Primeiro de tudo, essa raposa é adaptada pra vida no mundo de extremos do norte. Ela tem nariz, orelhas e pernas curtas para não perder calor à toa, e as patinhas têm pelos na sola para proteger do frio e ainda servir de antiderrapante no gelo.

Até o rabo fofinho é mais que um enfeite: ele é ultrapeludo e comprido e funciona como um cobertor extra durante o inverno, para a raposa se enrolar e dormir quentinha.

Além de viver o ano todo no Ártico e ter que lidar com os invernos terríveis, essa raposinha é pequena o bastante para às vezes virar jantar de bichos maiores. Mas o que ela perde em tamanho ganha em esperteza e adaptação. Parece que a única regra da raposa-do-ártico é se adaptar o tempo todo, e ela faz isso como ninguém.

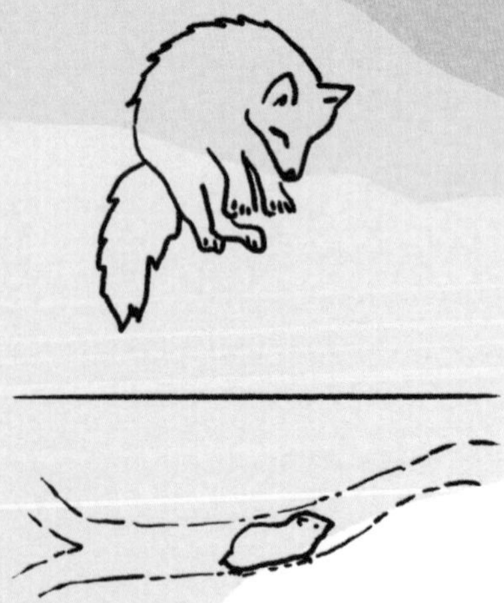

As raposas-do-ártico têm uma audição incrível, elas conseguem ouvir os lemmings andando embaixo da terra e caçam esses bichos pulando com força e fazendo um buraco bem em cima de onde ele está passando.

A pelagem da raposa também se adapta e muda duas vezes por ano. A "roupa" de verão é marrom e mais levinha, já a de inverno é branca e superquente. Na época em que o pelo está mudando ela fica bem engraçada, mas vale passar essa vergonha pra não sentir frio e porque as cores diferentes também servem de camuflagem.

A raposa-do-ártico também é bem adaptada quando o assunto é comida. Ela não torce o nariz pra nada e come quase qualquer coisa que consegue pegar. Lemmings (coitados, sempre eles!) são parte importante da dieta dela, mas pássaros, ovos, restos de comida de bichos maiores e até frutinhas e algas também são bem-vindos.

Num lugar que não tem muita comida durante o inverno, ser capaz de comer de tudo é uma ótima estratégia.

Para se proteger do frio e de bichos maiores a raposa-do-ártico vive em tocas cavadas no chão. Como boa parte do chão da tundra é congelado (lembra do permafrost?) ela tem que achar lugares que formem "morrinhos" acima do solo duro. Um lugar desses é difícil de achar, por isso gerações de raposas usam as mesmas tocas – algumas são conhecidas há quase 100 anos!

Essas tocas tanto podem ser pequeninhas, para só uma família de raposas, ou bem maiores, com vários túneis e um monte de raposas vivendo juntas – até nisso as raposas-do-ártico são adaptáveis.

Em lugares ou épocas com pouca comida é melhor viver em grupos menores, porque fica mais fácil achar alimento pra menos gente. Em lugares (ou épocas) com mais comida, dá para juntar a família toda.

No inverno elas se
adaptam mais uma
vez, e podem tanto
continuar juntas em
grupinhos pequenos
ou até sair sozinhas
passando alguns meses
como nômades perambulando pelo
Ártico até chegar o verão e a época
de reencontrar os amigos.

Tubarão-da-groenlândia

Apesar de ser pouco estudado – porque é difícil e porque até recentemente não se tinha tanto interesse nele – o tiquinho que a gente aprendeu sobre ele é incrível. Esse bicho é o vertebrado que vive por mais tempo existem tubarões-da-groenlândia com mais de 200 anos e talvez até com mais de 500!

Pense em quanta história pode ter acontecido enquanto um desses monstros seguia com sua vida de nadar de cá para lá nas águas geladas do Ártico.

O tubarão-da-groenlândia é meio que o contrário do que a gente pensa quando imagina um tubarão. A pele dele é escura, o focinho é arredondado e apesar de ser enorme (ele pode chegar a 7 metros de comprimentos e pesar mais de 1.000 quilos), esse tubarão é bem lento – ele nada em média a menos de 2 quilômetros por hora, o que é menos do que uma pessoa passeando sem pressa.

Mas ele é muito mais do que um gigante lerdão: esse é um dos poucos peixes que vivem o ano inteiros no Ártico, e é um dos tubarões que mergulham mais fundo – até 2 mil metros de profundidade.

Para sobreviver nesse frio, o tubarão-da-groenlândia tem um superpoder especial: dentro do corpo dele existe uma substância que funciona como um anticongelante – como ele tem sangue frio, ou seja, não gera o próprio calor, sem isso ele viraria um grande cubo de gelo.

Aliás, tudo de mais legal no tubarão-da-groenlândia não está à vista: além de ter anticongelante no corpo, ele tem um dos melhores narizes de todos os tubarões, e conseguem sentir cheiros a quilômetros de distância. Como todo tubarão ele também consegue sentir a eletricidade que criaturas vivas emitem, e usa esse sentido para caçar.

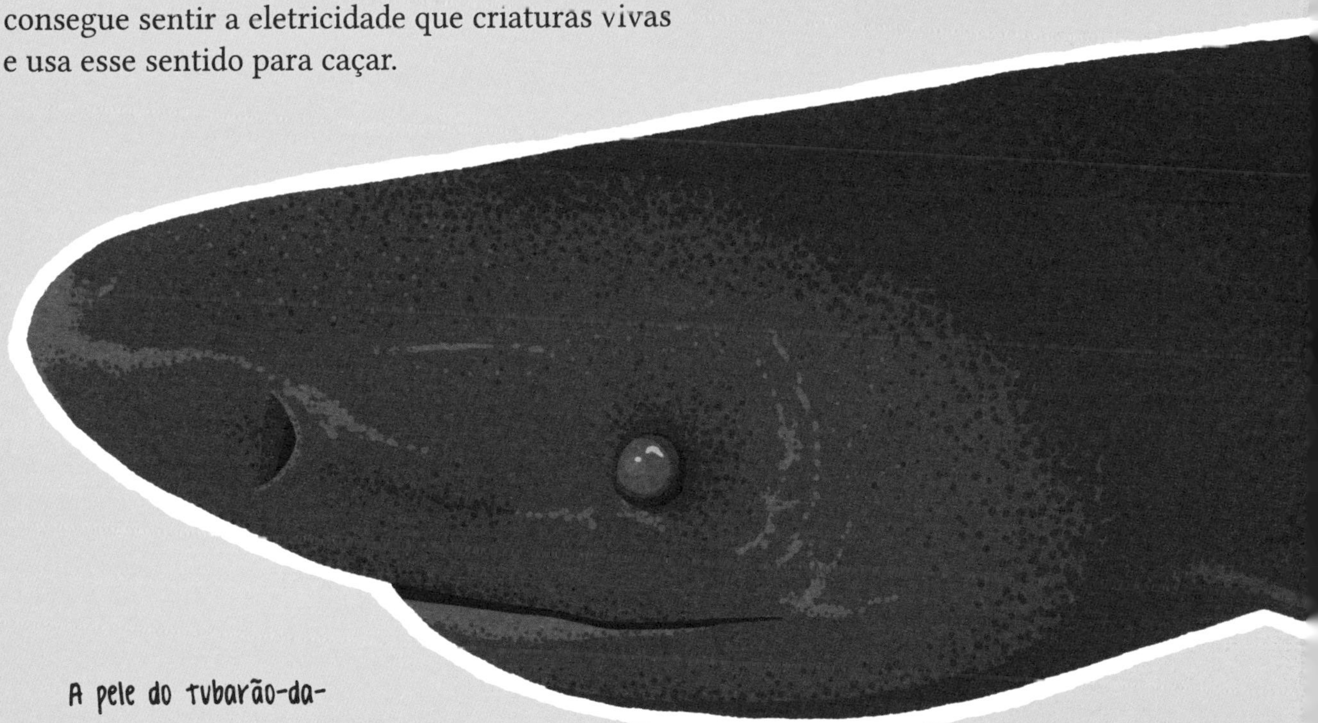

A pele do tubarão-da-groenlândia é coberta de um tipo de espinho ósseo, que é tão afiado que os mergulhadores que encontram com ele não podem nem tocar no bicho para não se machucarem.

Mesmo sendo lento, tudo indica que o tubarão-da-groenlândia é um bom caçador – ele fica quase invisível nas águas profundas e escuras em que prefere viver, e como se movimenta quase sem balançar a água, outros animais não sentem que ele está se aproximando até estarem de cara com o bicho.

Ele também come praticamente qualquer coisa – bichos vivos e até os que já estão mortos há um tempão. Dentro do estômago de tubarões-da-groenlândia já se achou de tudo: crustáceos, peixes, focas e até urso-polar.

Além de viver quase pra sempre, esse tubarão pode estar em muito mais partes do mundo do que a gente imagina, escondido nas águas profundas e frias – e parece que ele viaja bastante! Devagar e sempre o tubarão-da-groenlândia vai dando voltas ao mundo, enquanto a história passa por cima sem ele nem ligar.

Texto: Clarice Uba
Ilustrações: Lorota
Projeto gráfico e diagramação: Camila Bachichi
Capa: Lorota e Camila Bachichi
Revisão de texto: Daniela Marini Iwamoto

Dados Internacionais de Catalogação na Publicação - CIP

U12

Uba, Clarice
Mini curiosos descobrem o Ártico / Clarice Uba. Ilustrações de Lorota.
– São Paulo: Lume Livros, 2020. (mini curiosos descobrem)
36 p.; Il.

ISBN 978-65-88170-00-7

1.Ártico. 2. Região Ártica. 3. Polo Norte. 4. Animais do Ártico. 5. Literatura Infanto-Juvenil. 6. Diversidade Animal. 7. Urso-polar. 8. Boi-almiscarado. 9. Coruja-das-neves. 10. Morsa. 11. Puffin. 12. Raposa-do-ártico. 13. Tubarão-da-groenlândia. I. Título. II. O Ártico. III. Série. IV. Lorota, Ilustradora.

CDU 82-93 **CDD 028.5**

Catalogação elaborada por Regina Simão Paulino – CRB 6/1154

Impresso na gráfica Colorsystem
Primeira edição, Dezembro de 2020.

Lume Livros Editora Ltda - ME.
Rua Paes Lemes, 2015 CJ 304 - Pinheiros
CEP 05424-150 - São Paulo - SP
Tel. +55 11 3031 3448
contato@lumelivros.com
www.lumelivros.com